BULLETIN OFFICIEL
MINISTÈRE DE LA GUERRE.

ÉDITION MÉTHODIQUE.

SERVICE INTÉRIEUR
DES CORPS DE TROUPE

DISPOSITIONS DIVERSES

Supplément arrêté à la date du 31 décembre 1912.

PARIS
HENRI CHARLES-LAVAUZELLE
Éditeur militaire
10, Rue Danton, Boulevard Saint-Germain, 118

(MÊME MAISON A LIMOGES)

BULLETIN OFFICIEL
DU MINISTÈRE DE LA GUERRE.

ÉDITION MÉTHODIQUE.

SERVICE INTÉRIEUR
DES CORPS DE TROUPE

DISPOSITIONS DIVERSES

Supplément arrêté à la date du 31 décembre 1912.

PARIS
HENRI CHARLES-LAVAUZELLE
Éditeur militaire
10, Rue Danton, Boulevard Saint-Germain, 118

(MÊME MAISON A LIMOGES)

BULLETIN OFFICIEL
DU MINISTÈRE DE LA GUERRE.

ÉDITION MÉTHODIQUE.

SERVICE INTÉRIEUR DES CORPS DE TROUPE

DISPOSITIONS GÉNÉRALES

DEUXIÈME PARTIE.
Discipline générale.

Circulaire relative aux conditions dans lesquelles les officiers peuvent publier des écrits, et réglant l'application de l'article 76 du décret du 25 mai 1910 sur le service intérieur des corps de troupe, modifié par le décret du 14 mai 1912.

(Cabinet du Ministre; Bureau de la Correspondance générale.)

Paris, le 15 mai 1912.

Un décret en date du 14 mai 1912 a modifié et complété l'article 76 du décret du 25 mai 1910 sur le service intérieur des corps de troupe; il précise, notamment, que le pouvoir d'appréciation des écrits publiés par les officiers sera désormais dévolu au chef du corps auquel appartient l'officier, et que les auteurs d'écrits devront, à cet effet, en adresser un exemplaire ou une copie à leur chef de corps, dès le moment de la publication; il spécifie enfin qu'il est interdit aux officiers de faire suivre leur signature, ou de faire mention, dans le corps de l'écrit, de l'indication des fonctions qu'ils occupent ou qu'ils ont précédemment exercées.

1.

Le Ministre a décidé que ces dispositions qui, par le texte dans lequel elles ont été insérées, ne visent directement que les officiers des corps de troupe, seraient également applicables, à tous les degrés de la hiérarchie, aux officiers appartenant à l'ensemble des services militaires ainsi qu'aux officiers généraux en disponibilité ou de la section de réserve, lesquels, aux termes de la loi du 4 août 1839, sont soumis aux obligations de la loi du 19 mai 1834 sur l'état des officiers.

Le droit d'appréciation et de sanction sera exercé, pour ces différents personnels, et suivant le cas, soit par le supérieur immédiat, soit par le chef de service, soit par le général commandant la région de corps d'armée du domicile de l'intéressé; c'est à ces autorités que les auteurs d'écrits devront, dès lors, en faire parvenir un exemplaire ou une copie.

Indépendamment de l'exemplaire que tout officier doit ainsi remettre à son chef de corps (ou, suivant les cas, à son chef de service, à son supérieur immédiat ou au général commandant la région de corps d'armée de son domicile), il sera, en outre, tenu d'en adresser un second, par la voie hiérarchique, au Ministre (cabinet-correspondance générale), à destination de la bibliothèque du ministère de la guerre.

Lorsque le chef auquel appartient le droit d'appréciation et de sanction estimera que la répression à exercer dépasse ses pouvoirs disciplinaires, il en référera sans délai à son supérieur hiérarchique immédiat.

Dans tous les cas où une sanction aura été prononcée, le dossier de l'affaire sera transmis hiérarchiquement au Ministre (cabinet-correspondance générale).

Les dispositions de la présente instruction entreront immédiatement en vigueur.

Circulaire relative au port de la tenue civile par les sous-officiers en traitement dans les hôpitaux militaires thermaux.

(Cabinet du Ministre; Bureau de la Correspondance générale.)

Paris, le 11 juillet 1912.

Il a été signalé au Ministre que, pendant l'année 1911, un certain nombre de sous-officiers se sont présentés en tenue civile à l'hôpital militaire thermal de Vichy pour y suivre un traitement.

Non seulement cette manière de faire présente de nombreux inconvénients, au point de vue, notamment, de la discipline et de la santé des militaires hospitalisés, mais elle est contraire à la lettre et à l'esprit des règlements.

En conséquence, seuls les sous-officiers rengagés admis dans les hôpitaux pourront revêtir la tenue civile, dans les conditions et sous les réserves spécifiées par le décret du 8 avril 1912.

Le port de la tenue civile pour toutes les autres catégories d'hommes de troupe est absolument interdit.

Circulaire prescrivant d'indiquer l'importance réelle du revenu des cantines vacantes.

(Cabinet du Ministre; Bureau des OEuvres militaires diverses.)

Paris, le 9 novembre 1912.

Le Ministre a eu l'occasion de constater que les indications fournies par les chefs de corps ou de service, lorsqu'ils avaient à signaler une vacance de cantine, n'étaient pas toujours exactes. Souvent, il n'est pas tenu compte des causes qui sont venues modifier le revenu de ces établissements, lesquels demeurent ainsi classés à leur tableau d'origine, quand, en réalité, ils seraient à comprendre dans un autre classement ou à être rayés des emplois réservés.

Il convient donc, lorsqu'une vacance de cantine se présente, que les chefs de corps ou de service s'assurent de l'importance réelle de son revenu et qu'ils fassent connaître, *en mentionnant la présente circulaire*, si la cantine appartient au tableau E, au tableau G ou si elle ne doit plus figurer à aucun de ces tableaux.

TROISIÈME PARTIE.

Les services.

Circulaire sur les consignes à établir pour le service de nuit dans les quartiers et casernes.

(Cabinet du Ministre; Bureau du Personnel des Officiers généraux. Décorations, Affaires diverses et d'ordre général.)

Paris, le 30 novembre 1912.

Un accident récent, survenu de nuit, dans un quartier, a mis en évidence les services que peut rendre, en dehors des circonstances habituelles de la vie régimentaire, l'officier de garde pendant la nuit.

Mais il est nécessaire, pour cela, que des consignes précises soient établies, qui définissent les devoirs du gradé chef du poste de police, de l'adjudant de semaine et de l'officier de service, aussi bien pour le cas d'événement imprévu que pour l'exécution du service normal.

MM. les généraux commandant les corps d'armée sont invités, en conséquence, à donner — s'ils ne l'ont déjà fait — des ordres immédiats pour l'établissement desdites consignes.

QUATRIÈME PARTIE.

Les sanctions.

Circulaire relative à la délégation faite par le Ministre aux commandants de corps d'armée, commandant les divisions d'Algérie, etc., du droit d'infliger des punitions supérieures à trente jours de prison.

(Cabinet du Ministre; Bureau de la Correspondance générale.)

Paris, le 24 juin 1912.

Des doutes se sont élevés sur le point de savoir si la délégation d'infliger jusqu'à soixante jours de prison, accordée aux

généraux commandants de corps d'armée, généraux commandant les divisions en Algérie, commandants supérieurs des troupes aux colonies, s'ils sont officiers généraux, et officiers généraux commandants d'expédition, par le décret du 28 octobre
1911, reste en vigueur.

Il y a lieu de répondre à cette question par l'affirmative.

C'est, en effet, par une erreur matérielle que le texte du décret du 13 mai 1912 (art. 2), publié au *Journal officiel* du 16 mai
1912, porte la mention : « Les articles... 198... sont modifiés et
remplacés par... »; il convient de lire : « Les articles... 198 (§ 1er
et tableau annexé) sont modifiés et remplacés par... » Un erra-
tum en ce sens a été inséré au *Journal officiel* du 22 juin 1912.

Il en résulte que les dispositions des autres alinéas de l'article 198 du décret du 25 mai 1910, telles qu'elles ont d'ailleurs
été complétées par le décret du 28 octobre 1911, sont purement
et simplement maintenues, sous réserve de la substitution, résul-
tant du nouveau tableau de punitions, du maximum de quinze
jours à celui de huit jours, pour la durée de la peine de cellule
prononcée en aggravation d'une peine de prison (§ 3 de l'article 198).

Les punitions de cellule, supérieures à huit jours, doivent être
subies en deux périodes, séparées par un intervalle d'une semaine.

---

*Décret modifiant les articles 3 et 28 du décret du 8 novembre
1903 portant règlement d'administration publique sur les conseils d'enquête de sous-officiers rengagés ou commissionnés.*

(Direction du Contentieux et de la Justice militaire; Bureau
du Contentieux et des Réparations civiles.)

Paris, le 1er août 1912.

Rapport au Président de la République française.

Par une décision du 23 juin 1911, le Conseil d'Etat, statuant
au contentieux, a jugé qu'en matière de conseil d'enquête de
militaires rengagés ou commissionnés, l'article 3 du décret du
8 novembre 1903 exigeait que le président et les membres du
conseil d'enquête fussent choisis rigoureusement d'après l'ordre d'ancienneté; il n'était donc pas licite, faute d'une disposition semblable à celle de l'article 4 du décret du même jour spé-

cial aux conseils d'enquête d'officiers, d'appliquer aux conseils d'enquête de militaires rengagés ou commissionnés la règle d'après laquelle les membres du conseil sont désignés dans l'ordre d'ancienneté mais *à tour de rôle;* le Conseil d'Etat contestait ainsi la valeur légale d'une instruction ministérielle de l'un de nos prédécesseurs, qui permettait cette procédure par analogie avec les prescriptions en vigueur pour les conseils d'enquête d'officiers.

Il résulte donc de cette jurisprudence que pour les conseils d'enquête de militaires rengagés ou commissionnés, la circonstance qu'un officier ou sous-officier a déjà fait partie d'un conseil d'enquête précédent ne l'exonère pas de l'obligation d'être membre d'un conseil d'enquête postérieur, s'il est le plus ancien officier ou sous-officier de son grade ou de son emploi dans le corps de troupe ou l'établissement auquel appartient ou auprès duquel est détaché le militaire enquêté. Cette situation n'est pas sans présenter de sérieux inconvénients dans la pratique, car elle astreint presque toujours les mêmes officiers et sous-officiers à remplir les fonctions de membres des conseils d'enquête, alors qu'il est de l'essence des juridictions disciplinaires qu'elles soient composées de membres différents chaque fois qu'elles fonctionnent. C'est pour ce motif qu'il a été jugé nécessaire d'introduire dans le règlement d'administration publique du 8 novembre 1903 sur les conseils d'enquête de sous-officiers rengagés ou commissionnés une disposition semblable à celle existant déjà pour les conseils d'enquête d'officiers (art. 4, décret du 8 novembre 1903) et qui assure la composition de ces conseils d'après l'ordre d'ancienneté mitigé par le tour de rôle.

Dans un ordre d'idées différent, l'attention a été attirée sur les difficultés que rencontre la constitution des conseils d'enquête de militaires rengagés ou commissionnés dans certains groupes des colonies, par suite de la composition de l'effectif du cadre d'officiers, tel qu'il est réglé par le budget colonial. C'est ainsi que dans les groupes des Antilles et du Pacifique, il est rarement possible de réunir, conformément aux prescriptions du décret du 8 novembre 1903 (art. 4 et tableau A), quatre officiers (dont un supérieur) n'ayant pas connu de l'affaire et appartenant à l'arme ou au service du militaire objet de l'enquête.

En pareil cas, l'article 38 du décret du 8 novembre 1903 sur les conseils d'enquête d'officiers stipule que le Ministre de la guerre décide si le conseil sera formé dans une colonie n'appartenant pas au même groupe ou dans la métropole. Mais aucune disposition analogue n'est prescrite pour les sous-officiers par le décret de même date, spécial à leurs conseils d'enquête. Seule l'instruction du 26 janvier 1904 pour l'application de ce décret prévoit, en ce cas, la formation du conseil dans une autre colonie ou dans la métropole (§ 7). Néanmoins, et d'accord avec mon collègue des colonies, il nous a paru plus régulier, dans une matière où tout est d'ordre étroit, de prévenir des difficultés d'ordre contentieux, pouvant naître de l'instruction du 28 janvier 1904, en complétant le décret du 8 novembre 1903 sur les conseils d'enquête de sous-officiers par une disposition analogue à celle que contient l'article 38 du décret relatif aux conseils d'enquête d'officiers.

Si vous approuvez ces dispositions, nous avons l'honneur de vous prier de vouloir bien revêtir de votre signature le projet de décret ci-joint délibéré et adopté par le Conseil d'Etat.

Le Ministre des colonies,
A. LEBRUN.

Le Ministre de la marine,
Ministre de la guerre, p. i.,
DELCASSÉ.

DÉCRET.

Le Président de la République française,

Sur le rapport du Ministre de la guerre et du Ministre des colonies;

Vu les articles 67 et 68 de la loi du 21 mars 1905;

Vu le décret du 8 novembre 1903 portant règlement d'administration publique sur les conseils d'enquête des sous-officiers rengagés ou commissionnés;

Le Conseil d'Etat entendu,

Décrète :

Art. 1er. L'article 3 du décret du 8 novembre 1903 sur les conseils d'enquête des sous-officiers rengagés ou commissionnés est remplacé par le suivant :

« *Art. 3.* Le président et les membres des conseils d'enquête sont choisis parmi les officiers et sous-officiers en activité dans le corps de troupe ou l'établissement auquel appartient ou auprès duquel est détaché le sous-officier soumis à l'enquête. Les officiers autres que ceux qui doivent faire partie du conseil d'enquête à raison de leurs fonctions et les sous-officiers sont appelés à tour de rôle et par ordre d'ancienneté à siéger dans les conseils d'enquête.

« S'il n'est pas possible de constituer ainsi le conseil, les membres en sont pris parmi les officiers et sous-officiers du gouvernement militaire ou de la région où se forme le conseil. »

Art. 2. L'article 28 du décret du 8 novembre 1903 sur les conseils d'enquête des sous-officiers rengagés ou commissionnés est complété ainsi qu'il suit :

« L'envoi est également prononcé par le Ministre de la guerre et il est procédé conformément aux dispositions du paragraphe qui précède, en cas d'impossibilité pour les autorités prévues à l'article 27 et au paragraphe 1er du présent article de constituer le conseil d'enquête conformément au tableau ci-annexé. »

Art. 3. Les Ministres de la guerre et des colonies sont chargés, chacun en ce qui le concerne, de l'exécution du présent décret, qui sera publié au *Journal officiel* et inséré au *Bulletin des lois.*

Fait à Rambouillet, le 2 août 1912.

A. FALLIÈRES.

Par le Président de la République :

Le Ministre de la marine,
Ministre de la guerre p. i.,
Delcassé.

Le Ministre des colonies,
A. Lebrun.

CINQUIÈME PARTIE.

Dispositions diverses.

Circulaire relative à la communication des notes aux personnels des services militaires.

(Cabinet du Ministre; Bureau de la Correspondance générale.)

Paris, le 15 mai 1912.

Le Ministre de la guerre à MM. les Généraux commandants de corps d'armée; le Général commandant la division d'occupation de Tunisie; le Général commandant les troupes débarquées au Maroc; le Général commandant le corps d'armée des troupes coloniales :

Aux termes de l'article 65 de la loi de finances du 22 avril 1905, « tous les fonctionnaires civils et militaires, tous les employés et ouvriers de toutes les administrations publiques ont droit à la communication personnelle et confidentielle de toutes les notes, feuilles signalétiques et tous autres documents composant leur dossier, soit avant d'être l'objet d'une mesure disciplinaire ou d'un déplacement d'office, soit avant d'être retardés dans leur avancement à l'ancienneté ».

Ces dispositions, dont l'objet précis et limité est de n'autoriser aucune sanction répressive avant que l'intéressé ait reçu connaissance de l'ensemble des faits motivant cette sanction et ait été mis à même de présenter ses moyens de défense, sont régulièrement applicables au Ministère de la guerre, depuis leur promulgation, dans les conditions fixées par le législateur ; elles témoignent, par leur rédaction même, de la volonté certaine du Parlement de soumettre à un régime identique le personnel des services civils et celui des services militaires.

Mais, antérieurement à la loi du 22 avril 1905, un de mes prédécesseurs avait déjà décidé — par une circulaire du 13 janvier 1905, qui est toujours en vigueur — que tout officier appelé à noter un inférieur lui communiquerait ses notes en original, et que cette communication serait constatée par l'apposition, en marge desdites notes, de la signature de l'intéressé. Bien qu'inspirées par des considérations voisines de celles qui devaient, peu après, guider le Parlement, ces prescriptions ne pouvaient évidemment traduire, par avance, la solution générale à laquelle s'est ultérieurement arrêté le législateur; elles sont ainsi demeurées spéciales aux services militaires et présentent un caractère nettement exceptionnel. Elles trouvent, à la vérité, leur explication dans les circonstances qui en ont immédiatement précédé l'adoption; mais cette justification n'existe plus à l'heure actuelle, et il est impossible de méconnaître que ces prescriptions se heurtent au caractère même des notes hiérarchiques; celles-ci, par leur principe, ont pour objet essentiel de renseigner exactement le Ministre sur la valeur du personnel et de le mettre en mesure d'assurer au mieux des intérêts supérieurs de l'armée l'administration équitable de l'avancement et l'attribution judicieuse des emplois.

Or, à cet égard, l'expérience acquise depuis 1905 a nettement établi que l'obligation de la communication annuelle des notes trouble à tel point la liberté d'appréciation des chefs que, dans leur ensemble, ces notes sont devenues sensiblement uniformes et ne fournissent plus au Ministre les informations positives qui lui sont indispensables; l'incertitude, où celui-ci se trouve ainsi fréquemment, du jugement véritable à porter sur ses subordonnés, est apparue d'une manière assez manifeste pour qu'un de mes prédécesseurs ait dû, récemment, prévoir des dispositions exceptionnelles lui permettant de recueillir, par l'intermédiaire des inspecteurs d'armée, des informations, destinées à demeurer confidentielles, sur les officiers généraux et supérieurs proposés pour l'avancement.

La nécessité de l'adoption de telles dispositions, demeurées en fait inappliquées, suffit par elle-même à condamner le régime institué par la circulaire du 13 janvier 1905.

J'ai décidé, en conséquence, de rendre aux notes annuelles des personnels militaires le caractère qu'elles présentent uniformément dans toutes les autres administrations publiques et de n'en point maintenir, dès lors, la communication obligatoire.

Cette mesure est, d'ailleurs, directement corrélative de la décision par laquelle j'ai supprimé, le 29 janvier 1912, la production périodique par les préfets de renseignements politiques sur les officiers, et fait disparaître, pour ceux-ci, comme n'étant appliqué à aucun corps de fonctionnaires civils, un régime de surveillance exceptionnel. Je ne doute point qu'assurés, par cette suppression, d'être désormais uniquement jugés sur les appréciations de leurs supérieurs hiérarchiques, tous les officiers ne s'en remettent en pleine confiance à leurs chefs du soin de les noter avec l'impartialité et la bienveillance qui sont, au surplus, de tradition constante dans l'armée.

Aussi bien, l'application de la loi du 22 avril 1905 aux membres des personnels militaires comme aux fonctionnaires civils est une garantie sûre contre tout abus, puisqu'en aucun cas ils ne sauraient être frappés sans avoir obtenu, au préalable, communication de leurs notes, comme le prescrit l'article 65. Et, d'autre part, me rattachant aux considérations mêmes qui ont inspiré les dispositions de la loi du 22 avril 1905, j'estime qu'il y a lieu de décider que lorsqu'un militaire se considérera comme lésé dans son avancement, il pourra demander au Ministre, par la voie hiérarchique, communication de son dossier, en précisant les raisons qui lui font présenter cette demande. Si le Ministre apprécie qu'il y a lieu d'y donner suite, les relevés de notes (modèle E) seront adressés par l'administration centrale au chef de corps ou de service, qui les communiquera à l'intéressé et lui fera signer une déclaration constatant cette communication; les relevés de notes (modèle E) et cette déclaration seront retournés aussitôt après au Ministère, sous le timbre de la direction d'arme; ils seront accompagnés, s'il y a lieu, des explications et observations de l'intéressé.

J'ajoute que, si la suppression de la communication obligatoire des notes annuelles m'a paru justifiée par les considérations qui viennent d'être exposées, il n'en est pas moins du devoir permanent des chefs d'éclairer leurs subordonnés, en toutes circonstances utiles, sur les appréciations que comporte leur manière de servir. Dans cet ordre d'idées, je considère qu'il est indispensable que les généraux de division chargés de l'inspection des corps de troupes et les généraux inspecteurs des établissements techniques, après avoir pris connaissance des dossiers du personnel et conféré avec les chefs de corps ou de service, reçoivent obligatoirement chaque année, à titre individuel, tous les officiers qu'ils sont appelés à noter; ils devront signaler à chaque officier les indications essentielles qui se dégagent de ses notes; ils lui feront part aussi bien des éloges que mériteraient sa conduite et son zèle dans l'accomplissement de ses devoirs militaires que des reproches dont il pourrait être l'objet; ils recevront et provoqueront, s'il y a lieu, ses observations. De ces entretiens personnels, de ce contact direct entre les chefs militaires chargés des inspections annuelles et les officiers qui leur sont subordonnés doivent résulter à la fois un sentiment de confiance et de sécurité chez les officiers et un précieux moyen d'action pour l'amélioration générale du service. J'attache donc un intérêt essentiel à ce que les prescriptions qui précèdent soient rigoureusement observées.

Les dispositions de la présente circulaire abrogent toutes les dispositions contraires des instructions antérieures, et notamment de celles du 13 janvier et du 24 octobre 1905.

A. Millerand.

Circulaire au sujet du rétablissement de certaines batteries et sonneries.

(Direction de l'Infanterie; Cabinet du Directeur.)

Paris, le 18 juin 1912.

Le Ministre s'est préoccupé du rétablissement, dans les corps de troupe munis de clairons et de tambours, de certaines sonneries et batteries, dont la suppression, opérée par l'instruction du 22 juin 1906, a soulevé des critiques qui lui ont paru justifiées.

Les sonneries, supprimées pour le clairon, ont été conservées

pour les armes dotées de la trompette; cette différence n'a au
cune raison d'être.

D'autre part, le rétablissement des sonneries, qui marquent
les moments principaux de la vie des corps de troupe, ne peut
qu'avoir un heureux effet sur l'esprit du soldat, en rendant à la
caserne une gaieté et une animation à tous points de vue souhai-
tables.

Il a décidé, en conséquence, le rétablissement dans les corps
de troupe munis de clairons et de tambours ou de clairons seuls,
des sonneries et batteries suivantes :

Le réveil;
La diane;
La soupe;
L'appel;
L'extinction des feux.

Une instruction unique sur les batteries et sonneries des troupes de toutes armes est sur le point de paraître. Des ordres devront être donnés, dès maintenant, pour le rétablissement immédiat des batteries et sonneries indiquées ci-dessus.

<hr>

*Circulaire relative à la participation des adjudants-chefs au ser-
vice général, au service intérieur des unités et au service de
nuit.*

(Cabinet du Ministre; Bureau du Personnel des Officiers généraux, Décorations, Affaires diverses et d'ordre général.)

Paris, le 26 septembre 1912.

La question s'est posée de savoir dans quelles conditions il
convient de faire participer les adjudants-chefs au service général, au service intérieur des unités et au service de nuit.

La solution à adopter est la suivante :

Lorsque les adjudants-chefs occupent un emploi de sous-officiers, ils concourent avec les autres sous-officiers pour le service
général, le service intérieur de l'unité et le service de nuit.

Lorsqu'ils remplissent les fonctions dévolues à un lieutenant
ou sous-lieutenant, ils concourent, pour tous les services, avec
les officiers de ce grade, sauf dans le cas où, pour le service de
place, les lois ou règlements exigent la présence d'un chef ayant
rang d'officier.

Toutefois, ces prescriptions peuvent souffrir des exceptions, et les généraux de brigade peuvent, notamment, autoriser les chefs de corps à faire concourir au service de nuit, avec les officiers, les adjudants-chefs remplissant des fonctions de sous-officier, lorsque les nécessités du service ou les circonstances locales rendent cette mesure opportune.

Circulaire relative à la désignation et à l'instruction des tambours.

(Direction de l'Infanterie; Cabinet du Directeur.)

Paris, le 1ᵉʳ octobre 1912.

L'expérience des dernières années a permis de constater que, en raison des simplifications introduites dans les batteries, la formation des tambours ne présentait pas les difficultés que l'on avait envisagées après l'adoption du service de deux ans.

Il y a lieu, en conséquence, de maintenir la proportion actuelle des tambours et des clairons.

Les élèves-tambours sont choisis parmi les soldats possédant l'aptitude voulue, qui ont au moins trois mois de service et ne sont pas élèves-caporaux.

Le chef de corps détermine les conditions dans lesquelles les tambours et élèves-tambours sont mis, pour leur instruction spéciale, à la disposition du tambour-major.

En tout état de cause, ils doivent recevoir l'instruction générale du soldat (bases générales de l'instruction, pour l'infanterie) et prendre part à tous les tirs.

TABLES

BIBLIOTHÈQUE NATIONALE
R.F.
IMPRIMÉS.

TABLE CHRONOLOGIQUE.

TABLE ALPHABÉTIQUE

Paris et Limoges. — Imprimerie militaire Henri CHARLES-LAVAUZELLE.

Imprimerie militaire
Henri CHARLES-LAVAUZELLE
PARIS ET LIMOGES

www.ingramcontent.com/pod-product-compliance
Ingram Content Group UK Ltd.
Pitfield, Milton Keynes, MK11 3LW, UK
UKHW022346170726
13837UKWH00005BA/2447